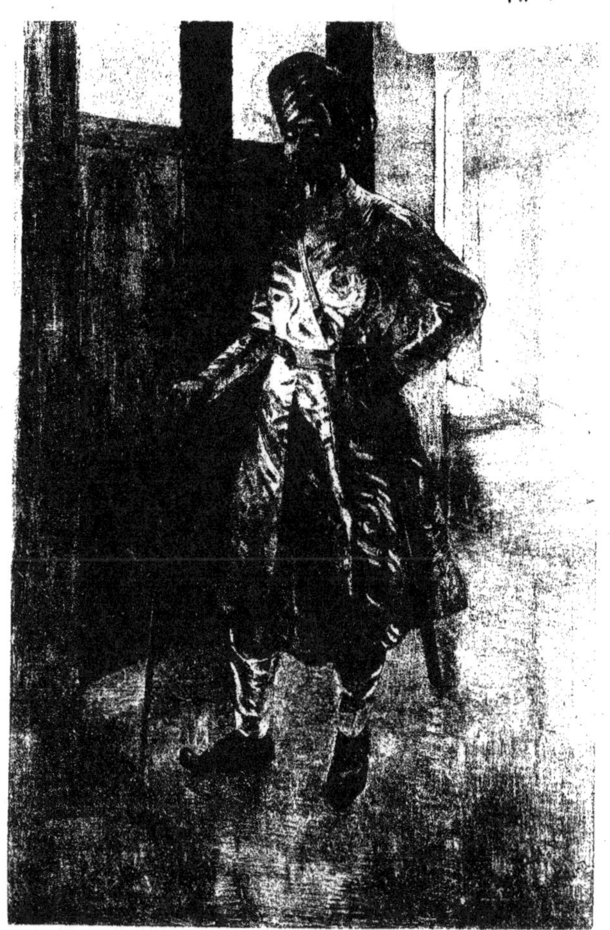

EXPOSITION

ALBERT BESNARD

1912

EXPOSITION

ALBERT BESNARD

GALERIES GEORGES PETIT

8, RUE DE SÈZE, 8

EXPOSITION

Albert BESNARD

VOYAGE AUX INDES

Peinture — Aquarelles — Dessins

OUVERTE

Du Mardi 23 Avril au Lundi 13 Mai 1912

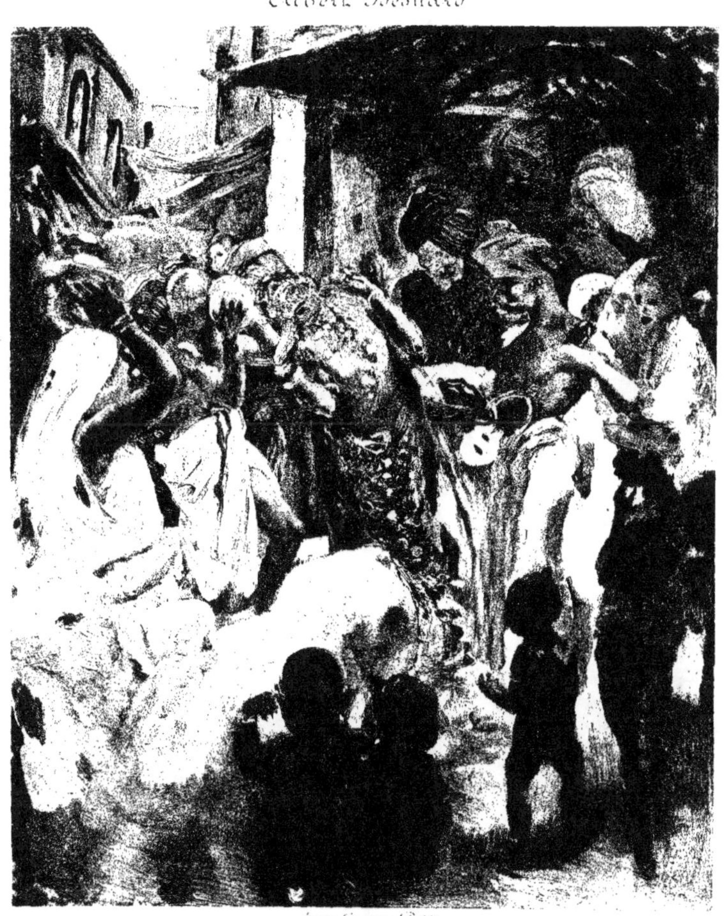

Dans une rue d'Hyderabad
durant le mois du Moharam

LE VOYAGE AUX INDES

Tout grand artiste a la patrie dont il vit et celle dont il rêve. L'une l'a formé ; il a formé lui-même la seconde de toutes les pensées et de toutes les sensations qui le font le plus profondément tressaillir et qui l'excitent le mieux à produire.

Cette patrie est parfois lointaine, parfois toute proche, parfois désignée d'un nom précis dont le son suffit à évoquer tout un monde de couleurs, de formes, d'odeurs, de saveurs : parfois au contraire inconnue, et par cela même d'autant plus désirée. C'est une sorte de Terre Promise où l'on se réfugie pour se consoler, ou bien que l'on espère visiter — ou découvrir — un jour, comme récompense.

Pour les uns, ce sont ces « soleils mouillés et ces ciels brouillés » que Baudelaire a chantés dans son éternellement émouvante *Invitation au voyage*. Ce sont les brumes diaprées de Thulé, où résonne comme un cristal, dans le solennel silence, les voix mélodieuses des vierges aux cheveux pâles et aux yeux verts. Ce sont les ports où les grands vaisseaux appareillent dans une atmosphère encrassée, où les couleurs surgissent comme une blessure, où l'air sent l'âcre et l'attrayant mélange du goudron, du poisson salé et de la résine.

Pour d'autres, ce sont, au contraire, les régions d'azur et de lumière où les grands palais aux pures lignes se détachent avec une netteté harmonieuse sur le ciel ignorant des orages. Il leur faut, à ceux-là, les indolentes aux belles formes, drapées dans les étoffes souples, chargées de bijoux dont on entend le cliquetis à chacun de leurs pas.

Certains sont altérés de bizarrerie et voudraient aller où l'on rythme les plus étranges et les plus stridentes musiques, et où l'on danse en tournoyant. Tels autres ont même adopté pour retraite future une île océanienne où de langoureuses et enfantines popinées se contentent pour robe d'une longue tunique de mousseline rose et pour parure d'un chapeau de fleurs.

Et cela fut ainsi en tout temps. Ceux qui ont été grands par l'œuvre, comme ceux qui ont été simplement ardents par l'imagination, tous ont été attirés par cette autre patrie. Rembrandt a toute sa vie rêvé de l'Orient ; il a été hanté de l'Asie-Mineure et de l'Inde elle-même. Claude Lorrain, le magnifique infirme, le génial illettré, n'a eu de cesse qu'il n'allât vivre et dessiner en cette Rome où se sentait attiré et avait décidé d'y mourir le Normand Nicolas Poussin. Ce ne sont pas seulement les hasards de la diplomatie qui avaient envoyé Rubens en Espagne, ni le désir de faire fortune Van Dyck en Angleterre. Delacroix a obéi à une force irrésistible en allant dans sa jeunesse en Turquie et au Maroc. Et pour prendre des exemples à tous les degrés et dans tous les genres, et pour toutes les patries rêvées, Gauguin n'a pas terminé sa vie à Taïti uniquement pour faire parler de lui, ce qui aurait été un bien mauvais calcul, car on ne parle jamais de ceux qui restent longtemps absents avec autant d'intérêt que de ceux qui reviennent bientôt chargés de conquêtes.

Heureux sont ceux qui ont vu réellement ces pays d'adoption ! On peut dire d'eux qu'ils ont, non pas accompli, mais complété leur destinée. Ils pourraient en effet l'accomplir, et glorieusement, sans voyager autrement qu'en esprit. Mais quand ils ont pu opérer, par suite de propices circonstances, cette jonction entre leur idéal et leur œuvre ; quand après cette rencontre il a pu jaillir une nouvelle moisson ; quand ils ont, en touchant les terres éloignées, renouvelé leurs forces, comme le héros de la fable renouvelait les siennes en touchant le sol immédiat, — alors ils sont arrivés au point culminant de leur vie et, de là, ils peuvent contempler avec sérénité leur carrière antérieure, et avec confiance celle qui leur reste à parcourir.

C'est l'admirable aventure qui vient d'arriver à Albert Besnard, avec son récent voyage aux Indes, et, pour notre plus grande joie, en voici les fruits. Ce qu'il y a de beau, en effet, dans ces expéditions favorables, c'est que le public est appelé à en partager avec le voyageur les bienfaits.

Albert Besnard, après nous avoir si longtemps jeté à pleines mains les éblouissants caprices, les visions féeriques, a éprouvé le besoin de se donner à son tour les spectacles dont l'appel sommeillait depuis si longtemps dans son cœur. Que de fois ne s'était-il pas dit qu'il la verrait pour de vrai cette Inde fourmillante et vénérable, voluptueuse et fuyante, ce berceau doré de l'humanité, où le sang lui-même, répandu à travers les temps, se mêle à la dorure et semble s'évaporer dans l'air pour l'enrichir d'un reflet de plus ; cette Inde des grands poèmes et des aspirations au néant splendide, auquel on parvient par une route bordée de palais et ondulante de danses ; cette Inde où la notion de la plus grande richesse se mêle à celle de la plus grande élégance, et les plus matériels paradis aux plus subtiles illusions ! Que de fois ne s'était-il pas juré qu'il le verrait un jour, l'*Homme en rose* !

Ce rose singulier, que l'on connaît sans l'avoir jamais vu encore, et qui tranche si finement sur les blancs édifices et les verdures bleues, cet homme bronzé aux yeux d'émail qui est la plus svelte et la plus inquiétante incarnation de l'entité humaine, il les a rencontrés, et il a rencontré bien d'autres choses et bien d'autres êtres, et bien d'autres aspects encore. Les résultats de l'entrevue sont des plus importants, je dirais presque des plus graves dans l'histoire de l'art actuel et dans l'évolution de la noble et brillante carrière d'un des plus grands artistes que nous ayons en ce moment parmi nous. Je vous dirai le plus simplement que je pourrai comment ces résultats se présentent, comment il faut les considérer, et les conséquences qu'ils peuvent avoir.

Avant tout, je me défends, et je vous engage à vous défendre de la préoccupation de savoir si nous allons nous trouver en présence d'un vrai, d'un exact, d'un complet récit de voyage. Il me suffit que ce voyage ait eu lieu et que l'artiste en soit revenu apportant par brassées les choses qu'il lui a plu de cueillir en route et de décrire, non pas suivant les obligations de l'exactitude, mais suivant celles de sa joie.

Les devoirs d'un fonctionnaire, d'un reporter, et ceux d'un poète ne sont pas les mêmes.

Le poète (et il n'est personne qui conteste à Besnard la qualité de poète, et de grand poète en peinture) va dans un pays. Il emplit ses yeux de mille apparences ; il est ravi de tout ce qui se succède et s'agite devant lui. Il se laisse baigner, pénétrer par les effluves de la nature et de la vie. Il ne se demande pas à quoi il faut s'arrêter, ce qu'il faut noter de préférence ; il sait que tout d'un coup, au moment où il s'y attendra le moins, le choix s'imposera de lui-même, à son esprit et à sa main, de ce qui résume le mieux tout l'ensemble de ses sensations et de ses idées.

Il laisse aux spécialistes, aux photographes, aux cinématographes, le soin de recueillir et de classer tous les documents sur tous les points : tout cela n'est que de l'exactitude. Ce qu'il cherche, lui, et ce qu'il attend du mouvement même de sa pensée, c'est la vérité. Et encore nous devons nous entendre, c'est *sa* vérité, à lui, qu'il lui faut et qu'il nous faut.

Alors, par cette mystérieuse distillation de l'esprit qu'est la production de l'œuvre d'art, il trouve soudain les résultantes qui vont de son âme à la nôtre. Une silhouette de femme est toute une race ; une scène dans la

Albert Besnard

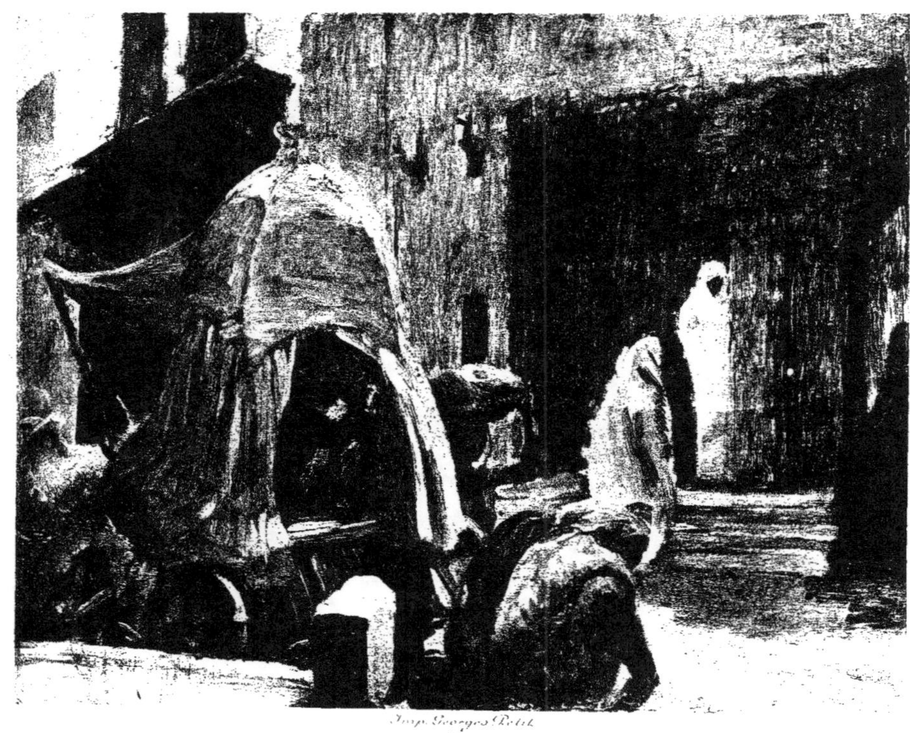

Imp. Georges Petit

Un How-dah (Hyderabad)

rue est toute l'Histoire ; le ton d'une eau qui reflète une cabane, ou une ruine, ou un bouquet d'arbres, est toute une immense contrée. Telle est la merveilleuse faculté d'évocation de la peinture quand elle est le langage d'une sensibilité rare ; tels sont les renseignements supérieurs que nous attendons d'un grand artiste.

Aussi, lorsque je vais regarder ces peintures que Besnard a rapportées de l'Inde et celles qu'il a richement transcrites d'après ses notes, je suis résolu à ignorer passionnément la géographie !

Il est juste même que je le déclare : l'artiste n'est nullement responsable de cette ignorance de son préfacier.

Pendant que M. et Mme Albert Besnard, imbus, comme tous les voyageurs, même poètes, des détails précis de leur voyage, me disaient des noms de villes, des distances, des provinces, des orthographes même de personnages ou de localités, je songeais à tout autre chose, et mon attention se portait avec un plaisir infini sur tout ce qui ne pouvait pas être précisé. On me disait combien d'heures il avait fallu pour aller de cette ville au nom étrange à cette autre ville au nom bizarre, et je regardais une taille qui se plie, un cercle d'or qui brille à un bras, et ce beau bras lui-même, si vivant que je devinais la sensation qu'il procurerait au toucher. On me priait de ne pas confondre le Nord avec le Sud, et je m'absorbais dans le ravissement d'un ton de rouge rayé de noir qui drapait un corps bronzé. On me rappelait à la tâche de dire des choses actuelles, et, devant cette peinture encore fraîche, mon esprit remontait le cours des âges les plus anciens.

Il me semblait que cette humanité si diverse, qui palpitait ainsi en ces peintures et ces dessins, avait été la même il y a des milliers d'années. Un des miracles les plus grands de l'art est de créer comme une espèce de chaîne sans fin entre ce qui est et ce qui fut. La véritable

« Machine à explorer le temps » que Wells a rêvée, c'est
en réalité le rapprochement d'une belle statue antique
avec une belle peinture moderne exécutée par un homme
qui perçoit les caractères permanents de l'être. L'artiste
fait ainsi des plongées dans les masses profondes des
peuples et dans les régions lointaines des âges. Quand on
pense que cette Inde est à peu de chose près la même que
celle qui avait, par l'intermédiaire des Phéniciens, contribué
à la formation de l'art grec, et que celle qui à son tour fut
influencée, sous Alexandre, par l'art grec lui-même arrivé
à sa perfection ; quand on voit que les attitudes des femmes
se réalisent sous le pinceau d'un maître, telles qu'elles
avaient surgi dans notre esprit en lisant quelque vers
d'un poète mort il y a trois mille ans ; on fait, pour ainsi
dire, une sorte d'aviation intellectuelle singulièrement
grisante et on sent enfin le bonheur de vivre un peu en
dehors des habituelles notions d'heures et de dimensions.

En même temps que se succédaient ces évocations
d'humanité imagée et imaginaire, mon esprit, tout naturellement, se trouvait amené à repasser l'évolution de
l'artiste qui a fait se lever devant nos yeux tous ces
mirages vrais. Je revoyais le beau rêveur ému qui nous
montra jadis cette admirable opposition de la *Jeunesse* et
du *Soir de la vie,* dans la décoration de la Mairie Saint-
Germain-l'Auxerrois. Puis ce même peintre multipliant
les aquarelles fantasques, les pastels somptueux, au gré
de la plus abondante verve ; synthétisant, en les grandes
compositions de l'École de pharmacie, l'*Homme primitif*
et l'*Homme moderne ;* trouvant, pour exprimer pictura-
lement les grands symboles de la Science, à l'Hôtel de
Ville et à la Sorbonne, les affabulations les plus saisis-
santes, et rendant tangibles les Idées par les Couleurs.

Et puis, je songeais qu'après tant d'efforts déjà, après
tant de grands ensembles et de beaux morceaux isolés,
Besnard avait tout d'un coup vu s'introduire dans son
inspiration un élément nouveau, — et terrible, — la douleur

humaine, et que sa nature d'artiste avait fatalement tourné
la douleur elle-même en splendeur, lui dictant la décoration de l'hôpital de Berck et le grand écoinçon de la Mort,
qui orne la coupole du Petit Palais...

Or, voilà qu'après tout cela encore s'ouvrait une nouvelle phase : le désir de voir l'Asie, de se trouver sur le
chemin de l'*Homme en rose* dont il nous a si délicieusement parlé dans ses articles du *Figaro,* de noter les accords
d'un autre climat, d'ajouter de nouvelles ressources à sa
palette, d'ouvrir de nouveaux horizons à son imaginative.

Ainsi, devant ces peintures, j'allais et revenais du pré-
texte au résultat, de l'homme à l'œuvre, et de l'œuvre à
l'homme. Ce parcours, alternatif et multiple, m'expliquait
comment Besnard en était arrivé à cette possession sur-
prenante de deux facultés qui semblent s'exclure, la certitude et la verve. Il est impossible en effet, je crois, à un
peintre, d'être à la fois plus entraînant parce que plus
conscient de sa joie, et plus joyeux parce que plus clair-
voyant et plus assuré dans le choix de ses moyens. Ainsi
il est parvenu à faire ce qu'il veut avec le même plaisir et
la même surprise que s'il improvisait.

✳
✳　✳

Mais n'allons point penser que nous sommes seulement
en présence d'un lyrique, fût-il exceptionnel, et que
Besnard, parce qu'il nous donne cette impression à la fois
magistrale et primesautière, se laisse aller au seul plaisir
de faire bon ménage avec de merveilleux hasards qu'il
écoute et conduit tour à tour.

Quelle que soit la liberté qu'il ait conquise, et qui est
maintenant au plus parfait degré d'accomplissement, un
esprit comme le sien est trop exercé à percevoir les domi-
nantes des choses pour avoir omis, dans un ensemble
qui ne paraît nullement conçu comme un édifice *docu-
mentaire,* un seul point essentiel. Un spectateur vulgaire
pourra s'étonner qu'il ait rapporté aussi peu d'éléphants,

mais le plus exigeant en matière des choses de l'esprit et de la vie devra reconnaître que ces peintures et ces études composent un cycle complet, et qu'en une seule campagne l'artiste a recueilli des aperçus décisifs sur les trois grands aspects sous lesquels tout peuple se présente : celui de sa vie matérielle, celui de sa vie festivale, celui de sa vie religieuse.

Toute la première catégorie des peintures indiennes de Besnard pourrait être intitulée, comme le poème d'Hésiode : *les Travaux et les Jours*. C'est dans l'animation des rues que s'opère notre premier contact avec les humanités que nous sommes venus voir. C'est là que les êtres se livrent, le plus nombreux et sous leur apparence la plus naturelle, la plus instinctive, à notre étude. Là les types les plus caractéristiques se succèdent ou s'assemblent, les drames de la vie s'exposent, se développent et se dénouent en quelques instants. L'artiste les isole et les marque fortement de son interprétation.

Un des plus beaux de ces tableaux, tableau magnifique, quoique pour ainsi dire sans sujet, est celui d'*Une Rue à Madura*. Ce sont simplement des femmes qui passent dans une foule. L'une drapée de rouge, porte sur sa tête un grand vase de cuivre ; l'autre, qui tient sous son bras un enfant dont s'agitent les petites jambes rondes, est vêtue d'un pagne jaune vif sur lequel tranchent en bordure de grandes raies noires. Déjà nous apparaissent toutes les allures et toutes les formes d'une race, résumées en ces deux belles figures ; et déjà, dans l'atmosphère où elles évoluent, nous voici familiarisés avec ce qui distingue avant tout chaque pays : sa vibration, le degré d'animation de la vie, la dominante colorée du décor et de ses habitants. Or, ce qui frappera dès le premier regard, c'est que cette dominante est puissamment tannée et bronzée ; c'est que, foule et maisons, air et sol, tout cela fait penser, non pas aux éblouissements de couleurs vives, de clinquants exaspérés, de ciels criards, de maisons bariolées, que le premier mouvement, toujours vulgaire, de notre imagination nous faisait attendre. Au contraire, devant cette scène, devant cette autre admirable grande esquisse d'une femme sur le seuil de sa maison, devant ce puissant tableau du *Marchand de fruits à Madura*, et plusieurs autres enfin de cette série des rues de tous les jours, nous pensons à l'atmosphère des peintures de Rembrandt, et ces riches harmonies d'or et de caramel, de cuir et de cuivre, nous rappellent que les pays ensoleillés sont aussi les pays fauves.

Mais attendez cependant un peu. Sortez de ces rues étroites où les odeurs collaborent avec les couleurs à nous donner cette première impression sombre. Approchez des rives plus découvertes où de riches palais s'étagent et où de grands lacs s'étalent. Nous voici à *Udaipur*. Des femmes trempent leurs jambes dans les eaux satinées ; d'autres, sur les marches, se reposent, se dévêtent ; le long des murailles aux teintes indicibles, passent des silhouettes enmitouflées de rose pâle, de vert tendre. Le ciel est pur et clair, les édifices ont des nuances de pierres précieuses. Tout est limpide, tout est fleuri. Si vous vous promenez dans cette petite *Rue à Hyderabad*, vous verrez, le long d'une maison jaune, passer une sorte de palanquin drapé de rose et traîné par un zébu blanc, qui est le fiacre de l'endroit. La lumière prend sa revanche sur l'ombre, l'émail sur le bronze, la flamme sur l'enfumure.

Vous portez encore ailleurs vos pas ; vous sortez des villes. Vous voici sur la *Route de Delhi*. C'est le soir ; dans un poudroiement incandescent, sur le ciel rouge, galope un troupeau de zébus qui ne sont plus les bêtes blanches que vous connaissez, mais des animaux fantastiques que le soleil couchant teinte d'une irréelle pourpre. Une femme est juchée sur le chef du troupeau. Elle est entortillée dans un voile écarlate, elle semble une étrange reine infernale ; c'est une simple paysanne. Un homme sombre portant un turban d'un jaune d'or court devant ce cortège ; c'est, non pas un génie des Mille et une Nuits, mais un quelconque paysan comme elle. Pays délicieusement illusoire, où les gardeuses de vaches et les valets de ferme nous apparaissent sous les couleurs que nous rêvons pour les personnages princiers ou surnaturels ! Des femmes traversent un pont rouge, à *Trichinopoli*. Au delà, on découvre des bouquets d'arbres d'un vert bleuissant qui se mirent dans une eau bleue verdissante. Et ce rouge et ce vert, et ces femmes à la marche cadencée, nous évoquent, dans la splendeur d'un véhément et caressant accord, toute la vie antique.

Ainsi, d'un bout à l'autre de l'œuvre nouvelle de Besnard, vous allez voir se poursuivre ce parallèle et ce contraste : d'une part, les harmonies éclatantes et vives ; de l'autre, les harmonies intenses et graves, et, partout, la hantise d'une humanité à la fois présente et lointaine, le mirage de l'antiquité.

Ainsi, en quelques tableaux, qui sont consacrés à nous décrire simplement divers aspects de la vie courante, le peintre a déjà posé, rien que dans le domaine des couleurs et des formes, les puissantes indications générales, qui nous en disent, sur une nature et sur des races si éloignées des nôtres, tout aussi long que les récits les plus méthodiques et les plus détaillés. Tel est l'apanage de la peinture quand elle est le langage d'un pareil sensitif : elle nous permet de « nous y reconnaître » dans une immense contrée, comme si nous y avions vécu, tout cela grâce à des représentations d'êtres anonymes et à des notations d'harmonies.

Nous pouvons pousser désormais plus loin notre étude, puisque nous sommes ainsi chez nous. Ces êtres dont nous avons vu la démarche évoluer dans la couleur dont ils vivent, si l'on peut parler ainsi, nous allons être à même de les étudier physionomiquement, de comprendre leur âme par leurs gestes, par leurs occupations. *Comprendre* est un mot bien ambitieux quand il s'agit d'humains qui n'ont rien de commun avec nous, dont les gestes même ne veulent pas dire la même chose que les nôtres (pour dire *oui*, ils agitent la tête dans le sens horizontal, comme nous disons *non*), dont les défiances, les aversions, les malédictions peut-être, sont dissimulées sous leurs brunes statues et ne se mettent même aux fenêtres des yeux d'émail que déguisées sous une impénétrable douceur. Mais quoi ! Comprenons-nous mieux ce qui se passe dans un voisin, dans un animal familier, dans une fleur, dans tout ce avec quoi nous avons l'habitude de vivre ?

Disons donc que le peintre nous a fait comprendre ces Hindous aussi complètement qu'il était possible, lorsqu'il nous a dit, en traits essentiels, ce qui résume leurs accents expressifs, ce qui résume leurs apparences depuis de longs siècles.

Vous remarquerez, entre autres détails, que ces tableaux de l'Inde sont, considérés à un certain point de vue, une magnifique collection de bras et de mains. Besnard, sans se faire esclave d'aucun système, s'est trouvé amené naturellement à mettre dans ses peintures ce qui est peut-être un des éléments les plus à part et les plus parlants de ces individualités et de ces foules. Les femmes y vont les bras nus, et ces bras sont magnifiques, semblables dans leur rondeur et dans leur souplesse, à ceux des femmes grecques et des statues qui les ont conservées jusqu'à nos yeux. Or, dans tous ces tableaux de la vie habituelle, nous voyons ces bras jouer un rôle important, et le dessinateur grâce à sa vivacité étonnante de trait et de modelé, a rendu leur vie avec une vérité presque hallucinante quand une fois l'attention s'y est portée. Ils sont tous merveilleusement à leur action, qu'ils portent des fardeaux, qu'ils obéissent aux rythmes des danses, qu'ils expriment les mimiques particulières à la race, ou qu'ils soutiennent des enfants, ou qu'ils se prêtent aux opérations savantes du *Poseur de bracelets*.

Celui-là est un des tableaux les plus curieux de la collection. Il fait partie de la série brune. On y voit une femme assise, un bras posé sur les genoux, et l'autre allongé, abandonné aux manœuvres du bijoutier qui va faire passer la main dans les fragiles cercles de verre que le bras tout à l'heure emplira exactement sans les briser. Le spécialiste masse cette main, étire ces ligaments, malaxe cette chair, et l'on ne sait qui est le plus patient, de lui ou de la cliente. Peut-être, seule, une Ida Rubinstein pourrait-elle, chez nous, accomplir ce prodige de malléabilité, qui est habituel à la plus pauvre femme des races de là-bas. La pose de la femme représentée en cette peinture est une des plus typiques et une des plus belles de dessin qui se puissent voir dans toute la série. J'entends parmi les représentations des êtres au repos, car, avec les tableaux de fête et de mouvement, nous allons assister à bien d'autres tours de force que l'art de fixer l'humanité dans ses plus fugitives manœuvres puisse réaliser.

Cette première partie, celle des tableaux de la vie la plus simple, et l'on pourrait même dire la plus banale si le peintre, par sa seule sélection et sa puissante exécution, ne lui donnait pas la plus émouvante éloquence humaine, nous mène, en effet, aux œuvres où les mêmes personnages vont nous apparaître à cet état transfiguré, à ce degré supérieur d'intensité vitale, qui anime les foules et les individus dans les moments de plaisir et dans les jours de fête.

C'est le deuxième grand chapitre de cette histoire peinte et nous avons hâte d'y arriver.

*
* *

Il semble qu'on puisse définir les fêtes et les orgies de couleur et d'agitation qu'elles provoquent, un effort de l'humanité pour réaliser matériellement, en soi et par soi, les élans de son imagination.

Certes, du moins, jamais cette définition n'a été plus justifiée que chez ces peuples d'Orient où les parures les plus éclatantes, les rythmes les plus entraînants semblent soudain une seconde nature. Chez nous, les fêtes ne sont plus ou moins que des déguisements. Chez les peuples dont Besnard a noté avec une diversité et un éclat extraordinaires les danses, les costumes et les solennels attroupements, les fêtes semblent au contraire une autre façon d'être, réservée pour certaines heures, mais qui se rattache sans solution de continuité à celle de tous les autres moments.

Cela tient évidemment à deux causes qui sont toujours dans nos climats des états exceptionnels, venant se greffer sur la vie ordinaire, mais n'en faisant point fatalement partie : la danse et la religion, le rythme et l'aspiration au surnaturel. En Orient, la marche elle-même est une sorte de danse et la danse une marche un peu plus accentuée. Plus on avance vers les pays du Soleil, et plus l'allure est cadencée et ondulante. Chez nous, elle est saccadée, rapide, de gens pressés et sans liens de race. Voyez, au contraire, comme déjà chez la Vénitienne, chez l'Africaine, la démarche est différente de celle des Septentrionales, qui ne conçoivent la marche que comme un moyen d'aller d'un point à un autre. Aussi entre nos danses et notre marche n'y a-t-il rien de commun.

De même, les cérémonies religieuses n'ont plus le moindre rapport avec les danses, dans les pays d'Europe. Les rois, les prêtres ne dansent point devant les arches saintes et ne s'agitent point dans les temples. Les Orientaux n'ont qu'un pas de plus à faire pour que la danse devienne un hommage à la divinité, et la manifestation rythmique des aspirations amoureuses une figuration des hommages aux Toutes-Puissances.

Quant aux couleurs, elles sont déjà toutes préparées pour les fêtes, tandis que chez nous la honte de passer des nuances sombres où nous nous morfondons, aux vifs bariolages qui nous amuseraient, limite le travestissement ou bien aux ébats des plus basses classes, ou bien aux distractions soigneusement closes des personnes distinguées.

Quelques voiles plus brillants, quelque supplément de bijoux, quelque fard additionnel avivant et métamorphosant les visages, et voici l'homme et la femme hindous rapprochés sans soubresaut de l'idéal instinctif et traditionnel de toute la race, idéal de volupté ou de prière, où l'on ne sait à quel point commence, finit, se mêle l'une et l'autre.

Besnard a tracé de cette vie festivale, beaucoup plus naturelle que factice, des peintures qui surprendront et charmeront au plus haut point. Là encore sa faculté unique de généraliser par des ensembles de couleurs et par des sélections de mouvements, faculté sur laquelle je ne saurais trop insister, car elle est la clef de tout cet ensemble, non moins que de toute son œuvre, se manifeste d'une façon absolument exceptionnelle en ce temps-ci. Avec une danseuse comme la *Bayadère à la jupe rouge*, ou bien avec un merveilleux tableau de danses comme les *Danseuses de Johdpur*, faire penser à toute la danse de l'Inde ; avec un tableau de cortège et de fête comme la *Fête du Langar*, donner l'idée de toutes les fêtes de l'Orient, voilà le paradoxe dont seul un pareil artiste pouvait faire une réalité, parce qu'il a fait tout cela uniquement pour l'amour de le faire.

De même qu'il s'embarquait à Marseille pour aller voir *l'Homme en rose*, il arrivait à Johdpur avec le pressentiment des nuances, des bras, des frappements de mains, des balancements de beaux bras cuivrés, des danseuses roses et vertes, et lamées d'or. Ces tableaux de danses, entre autres les *Danseuses de Johdpur*, la grande scène de danse dans la rue d'*Hyderabad*, les délicieux et scintillants petits tableaux des danses de *Tanjore*, demeureront des œuvres d'art très précieuses, indépendamment des éblouissements de couleurs que tout passant peut en éprouver, parce que ce sont des cas très rares de l'accord complet entre ce qu'un peintre avait prévu et ce qu'il a rencontré.

Une autre peinture que l'on peut faire rentrer dans cette série de la vie festivale, et qui est une transition toute naturelle entre celle-ci et celle de la vie religieuse, c'est ce *Portrait de Madame Balamani* qui est un des tableaux capitaux de toute la collection.

C'est un des plus saisissants et des plus vigoureux qui soient sortis du pinceau de Besnard. Quel rapprochement curieux on en pourrait faire avec le célèbre *Portrait de théâtre*, la Réjane en rose ! Ici encore se mêlent, en effet, la scène et la vie. Il y a des accents professionnels chez tous les acteurs, qu'ils soient Japonais, Hindous, Italiens ou Français. Si l'on pouvait évoquer Roscius, on évoquerait en même temps les signes physionomiques, les tons de voix et les mouvements d'un Coquelin, d'un Talma, d'un Le Kain, ou d'un Garrick, et ces signes ressembleraient à ceux qui sont à leur tour caractéristiques chez nos acteurs contemporains. Mais ici, en même temps que c'est encore une actrice, c'est déjà presque une idole. Non pas tant à cause des bras postiches qui rappellent les statues des divinités, que par cette espèce de conviction et de seconde nature que nous avons constatées dans la transition continue entre la marche et la danse, entre la danse et la cérémonie religieuse. Quel saisissant tableau ! Comme elle nous hantera, cette tragique idole blanche entre ses deux suivantes aux magnifiques costumes et ces deux hommes, l'un au turban rose, l'autre au turban jaune, symphonie que complète le sombre azur d'un paon, sorte de clef de base de ce magistral tableau !

**   **

Restent les représentations de la vie religieuse. Le brillant cortège du *Langar*, avec ses fringants et vibrants cavaliers aux tuniques claires, aux montures chargées de bijoux comme des épouses, est en même temps un tableau de fête et un tableau religieux. Mais c'est surtout dans trois autres peintures que nous aurons à étudier cet ordre d'idées, où il nous est pour ainsi dire impossible de séparer l'élément matériel de l'élément mystique.

L'un est cette *Prière sur le Gange,* qui est tout de contemplation concentrée et de chaude pénombre.

L'autre est cet étonnant tableau des *Pleureuses* qui, tout en étant essentiellement indien, est cependant de tous les temps et de toutes les races. C'est un de ceux qui justifient le plus l'appel que j'ai fait, au début de cette étude, du nom formidable de Rembrandt. Ce groupe est, en vérité, comme un des dessins où le maître visionnaire d'Amsterdam, a mis par sa seule prescience, les attitudes et les couleurs même de l'affliction, telles qu'elles apparaissent et telles qu'il les rêvait, dans ces régions dont il avait l'intuition sublime. M. Albert Besnard a exécuté là, comme d'un seul jet, une œuvre singulièrement troublante, et dont ce n'est pas un des moindres mérites que de donner raison au peintre du *Tobie* et du *Bon Samaritain.*

Le troisième grand tableau religieux nous fait, au contraire, soudain retourner à la série des couleurs vives. C'est l'*Escalier à Bénarès.* Chacun, dans une telle diversité de peintures, aura des préférences diverses. Nous avouerons que c'est ce tableau qui nous a le plus vivement frappé, tant par son harmonie spéciale que par le monde de pensées qu'il a fait brusquement surgir en nous. Une haute succession de degrés aboutit aux ondes du Gange. Là viennent se purifier par les ablutions prescrites les femmes de toutes les races et de toutes les castes, et se sont rencontrés deux groupes étonnamment contrastés qui se touchent sans se confondre. L'un est formé des femmes du Nord, au teint plus clair, aux vêtements de nuances brillantes. Elles descendent lentement, enveloppées de leurs draperies rouges, jaunes ou blanches; une est déjà enfoncée à mi-jambes dans le fleuve. Elle se tient droite, en sa robe d'un ton indicible dont certains scarabées seuls peuvent donner l'idée. L'autre groupe, de femmes du Sud, à la peau sombre, aux vêtements sans éclat, se

serrant les unes contre les autres, comme des étrangères
ou comme des oiseaux effarouchés et apeurés, semblent
attendre que celles qui, en somme, à travers les temps,
leur ont pris leur place et leur terre leur laissent le
passage. Là brillent les yeux sauvages, là nous troublent
les mystères des noirs visages et des humanités si éloignées
des nôtres. Par un don spécial de la couleur, ce tableau est
extrêmement éclatant, et cependant il n'est pas joyeux
comme d'autres. Il est, au contraire, singulièrement grave.
De même que certains musiciens ont donné l'idée de la
douleur par des morceaux en tonalités majeures, de même
Besnard, par ce grandiose tableau clair nous fait réfléchir
sur les angoissants problèmes des destinées. Destinées de
ces races différentes, hostiles plutôt, mais rapprochées par
la seule tradition religieuse des cérémonies de purification.
Destinées aussi de la race humaine, identique à elle-même
à travers les temps, au point de nous troubler profondément. Car, enfin, nul ne pourra nier que devant cette
peinture on ne ressente la *certitude* que la femme antique
était ainsi, se montrait telle, et de cette couleur, et dans
ces attitudes, dans cette atmosphère. Le peintre a été
retrouver ce qui fut, en saisissant, par ses yeux, sa palette
et ses pinceaux, ce qui est encore à présent. Nous avons
l'hallucination de vivre un moment dans cette Inde que
visita le vainqueur des Grecs et qui semble peuplée de
figurines gréco-asiatiques tout à coup agrandies, douées de
vie et apparaissant avec les allures et sous les couleurs
mêmes qui étaient celles que façonnait l'art des coroplastes
de Tanagra pour en remplir leurs tombes. Les tombes de
femmes qui brillèrent ainsi, et que ceux qui les pleurèrent
crurent vouées à tomber en poussière, alors qu'au contraire
un grand artiste atteste qu'elles ressuscitent tous les jours !

*   *

C'est sur cette note étrange, d'étonnement et de désir,
— désir d'autant plus beau qu'il ne sera jamais réalisable,

car il n'y a rien de commun entre ces races et les nôtres, entre ces visions peut-être réelles et nos réalités peut-être illusoires, — c'est sur cette note d'art et d'humanité que nous demeurerons, bornant là une étude qu'on pourrait encore étendre et préciser, tant l'œuvre est vaste et diverse d'horizons.

Nous avions dit en débutant qu'après avoir passé en revue les résultats de cette expédition de notre grand peintre aux pays où le rêve et la résurrection se mêlent avec l'intensité que nous venons de voir, nous chercherions à en faire ressortir les conséquences pour l'art de ce temps.

Elles sont multiples, mais telle est l'éloquence d'une œuvre réussie, que le public et les artistes ont le pressentiment de ce qu'elles détermineront en même temps que le plaisir de ce qu'elles apportent. Ici, c'est une grande leçon de sélection poétique sous l'empire d'une grande joie des yeux en même temps que d'une curiosité de l'esprit stimulée et satisfaite. C'est en même temps l'affirmation d'une supériorité absolue de l'aperçu poétique sur le document pur, encore que toutes ces peintures soient des documents irrécusables. Enfin, c'est la preuve par un maître que le plus intense lyrisme non seulement se concilie avec le profond savoir, savoir des ressources du dessin et des lois de la couleur, mais encore lui emprunte une force que jamais « l'heureuse ignorance » ne connaîtra.

Ce sont là des leçons qui fructifient d'elles-mêmes et il est inutile d'ajouter de la morale à de si vives impressions.

Laissons donc les préceptes, ne songeons qu'aux beautés du spectacle, et proclamons seulement, en terminant, qu'en notre temps cette œuvre est vraiment un beau et exceptionnel phénomène : la manifestation d'une sensibilité admirable parée d'un des plus riches écrins de couleurs que jamais posséda peintre moderne.

Arsène ALEXANDRE.

CATALOGUE

PEINTURES A L'HUILE
Tableaux, Études, Esquisses

1 — *Les Laveuses (Trichinopoli).*

2 — *Trois Danseuses à Johdpur.*

3 — *Un Marchand de fruits à* **Madura.**

4 — *Un Troupeau de zébus sur la route d'Agra à Fatehpur-Sihkri (coucher de soleil).*

5 — *Troupeau de zébus.* Esquisse.

6 — *Une Pagode au bord du lac d'Udaipur.*

7 — *Femmes sur la rive du lac d'Udaipur.*

8 — *Mme B... chez une bayadère de Tanjore.*

9 — *M. et Mme B... chez une bayadère de Tanjore.*

10 — *Un How-dah (Hyderabad).*

11 — *Dans une rue d'Hyderabad, durant le mois de Moharam.*

12 — *Les Pleureuses (rives du lac d'Udaipur).*

13 — *Femme de caste voyageant sur la route d'Amber à Jaipur.*

14 — *Sur le pont de Trichinopoli.*

15 — *Au seuil du Rock temple (environs de Madura).*

16 — *Tête d'étude, d'après une femme hindoue de Pondichéry.*

17 — *Un Hindou accroupi.* Etude.

18 — *Un Hindou vu de dos.* Etude.

19 — *Un Hindou accroupi, vu de profil.* Etude.

20 — *Éléphant dans une rue d'Hyderabad.* Esquisse.

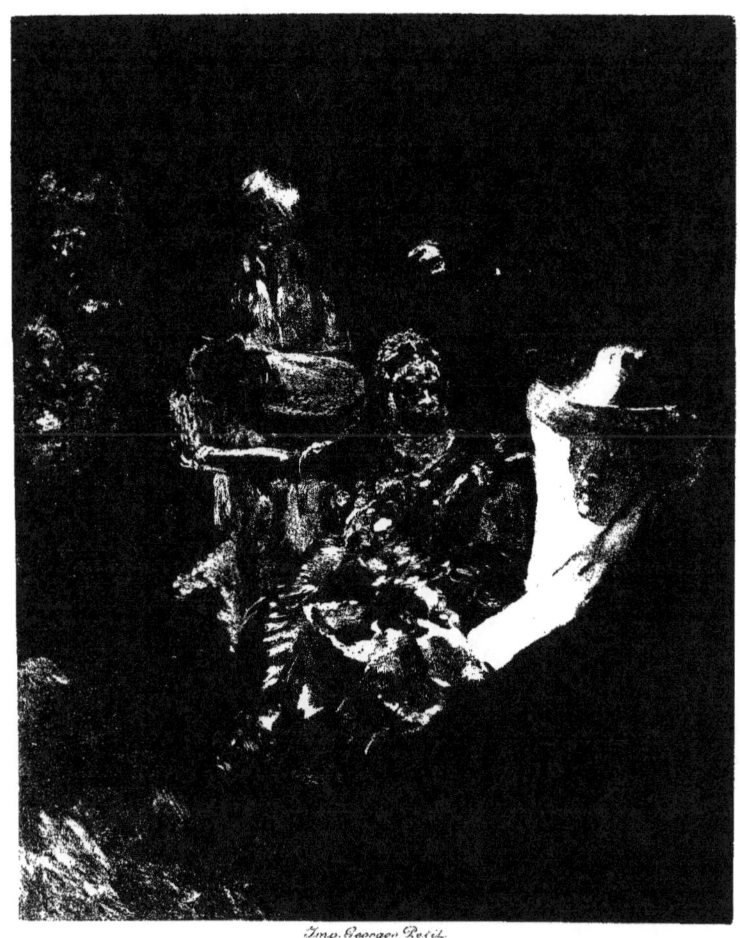

Mᵐᵉ Bˣˣˣ chez une Bayadère de Tanjor

PEINTURES A LA DÉTREMPE

21 — *Au théâtre hindou.*

L'actrice, Mme Balamani, sous la figure de la déesse Saraswati, protectrice des Arts libéraux. Les deux vieillards qui sont à ses pieds représentent la Science et la Poésie. Le paon est la monture de la déesse. Cette figuration symbolique précède toujours les représentations théâtrales sur les scènes hindoues.

22 — *Danseur au masque jaune, vêtu en femme (danses religieuses à l'occasion des fêtes de Moharam) (Hyderabad).*

23 — *Une Ballerine hindoue à Delhi.*

24 — *Seigneurs musulmans figurant dans le défilé des troupes du Nizam, à l'occasion des fêtes religieuses du Langar (Hyderabad).*

25 — *Une Rue à Madura.*

26 — *Le Vieux Brahmine dans une rue de Madura.*

27 — *L'Homme en rose (portrait d'un jeune Radj-poute).*

28 — *Pèlerins accomplissant les rites sacrés au bord du Gange, à Bénarès.*

29 — *Marchand de bracelets au bazar de Bénarès.*

30 — *Au seuil de la demeure d'un Brahmine.*

31 — *Femme se baignant à la tombée du jour au bord du lac d'Udaipur.*

32 — *Une Bayadère à Tanjore.* Grisaille.

33 — *Départ pour la promenade de l'éléphant sacré de Rock temple (environs de Madura).*

34 — *Sur un des escaliers de Bénarès.*

Gouaches, Aquarelles, Dessins

35 — *Une Rue à Johdpur.* Dessin à la plume rehaussé d'aquarelle.

36 — *La Jungle (Anuradhapura).* Aquarelle.

37 — *Défilé du Langar, Les Chevaux (Hyderabad).*
Gouache.

38 — *Défilé du Langar, L'Éléphant (Hyderabad).*
Gouache.

39 — *Un Étang (Anuradhapura, île de Ceylan).*
Aquarelle.

40 — *La Ville haute à Johdpur.* Dessin à la plume
rehaussé d'aquarelle.

41 — *Les Palmiers à Louqsor (Égypte, soleil couchant).* Aquarelle.

42 — *Sur la route de Karnak (Égypte, soleil couchant).* Aquarelle.

43 — *Les Bambous au jardin de Péradénya (Kandy).*
Aquarelle.

44 — *Femmes montant un escalier de Bénarès.* Aquarelle gouachée.

(Appartient à M. Curtis.)

45 — *Palais sur les rives du lac d'Udaipur.* Aquarelle.

46 — *Un Marchand d'antiquités à Delhi.* Aquarelle.

47 — *Étude pour la ballerine de Delhi.* Aquarelle gouachée.

48 — *Étude pour le danseur au masque jaune.* Aquarelle.

49 — *La Terrassière (Hyderabad). Type de femme du Nord.* Gouache.

50 — *Le Manager au bungalow de Madura.* Aquarelle.

51 — *Sur les marches d'un palais au bord du lac d'Udaipur.* Aquarelle.

52 — *Étude pour le portrait de l'« Homme en rose » (Hyderabad).* Aquarelle.

53 — *Une Bayadère du temple de Vilnour (environs de Pondichéry).* Gouache.

54 — *La Célèbre Bayadère Kristna du temple de Vilnour (environs de Pondichéry).* Gouache.

55 — *La Prière dans le Gange à Bénarès.* Gouache.

Albert Besnard

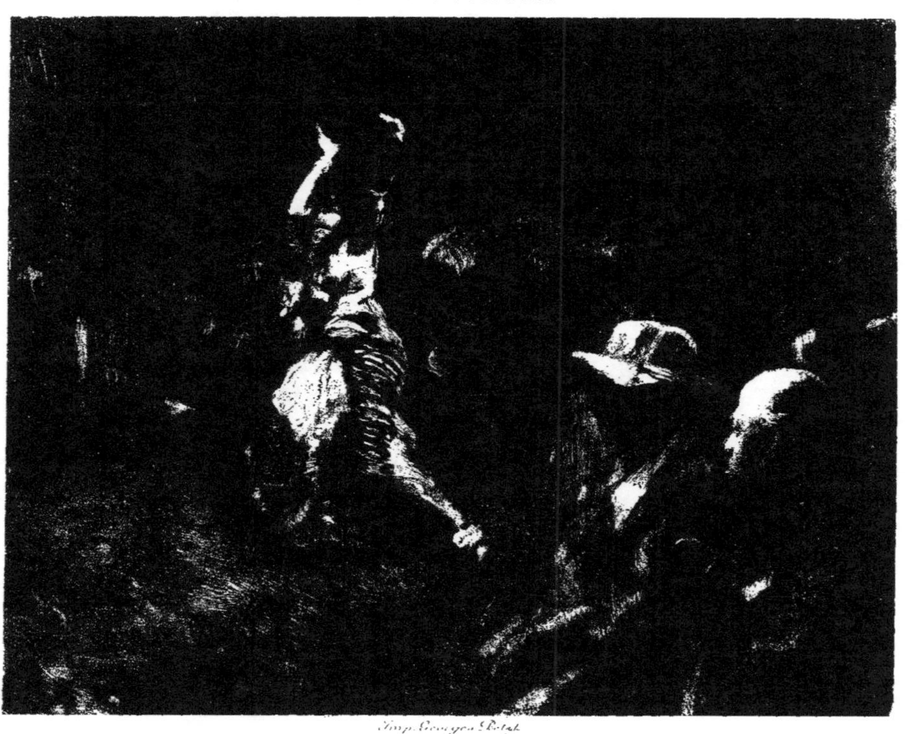

Imp. Georges Petit.

M^r et Mme B... chez une Bayadère de Tanjor

56 — *Femmes accomplissant les rites sacrés au bord du Gange, à Bénarès.* Gouache.

57 — *Femmes au bord du Gange, à Bénarès.* Gouache.

58 — *Fakir au bord du Gange, à Bénarès.* Gouache.

59 — *Une Paria à Madura.* Aquarelle.

60 — *Étude de deux petites Brahmines debout (**Madura**).* Aquarelle.

61 — *Étude de deux petites Brahmines accroupies (**Madura**).* Aquarelle.

62 — *Le Mahaveli Ganga. Jardin de Péradénya, près Kandy.* Aquarelle.

63 — *Bosquet de bananiers, dans le jardin de Péradénya, près Kandy.* Aquarelle.

64 — *Village de Karnak (Égypte).* Aquarelle.

65 — *Type féminin à Kandy.* Gouache.

66 — *Le Burning gath à Bénarès.* Dessin à la plume.

67 — *Chameaux.* Croquis à la plume.

68 — *En attendant le bûcher, à Bénarès.* Croquis à la plume.

69 — *Éléphant vu de dos.* Croquis à la plume.

70 — *Trois Éléphants.* Croquis à la plume.

71 — *Un Éléphant.* Croquis à la plume.

72 — *Le Bain des Sultanes (robe jaune).* Esquisse pour un tableau inspiré par le bain des Sultanes, au fort d'Agra. Gouache.

73 — *Le Bain des Sultanes.* Esquisse pour un tableau inspiré par le bain des Sultanes, au fort d'Agra. Gouache.

74 — *Femmes se baignant devant une pagode, dans le lac d'Udaipur.* Gouache.

75 — *Carnet de voyage* n° 1 : *Louqsor, Karnak, Djibouti, Colombo.*

76 — *Carnet de voyage* n° 2 : *Anuradhapura, Kandy, Madura.*

77 — *Carnet de voyage* n° 3 : *Madura, Trichinopoli, Tanjore, Pondichéry.*

78 — *Carnet de voyage* n° 4 : *Pondichéry, Hyderabad.*

79 — *Carnet de voyage* n° 5 : *Hyderabad, Bénarès.*

80 — *Carnet de voyage* n° 6 : *Bénarès, Delhi.*

81 — *Carnet de voyage* n° 7 : *Johdpur, Udaipur.*

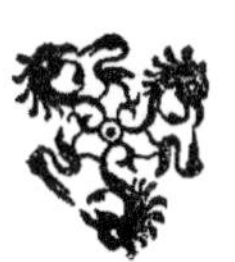